THE BOOK OF

「感じる」を育てる本

レイチェル・イザドラ

ディスカヴァー編集部［訳］ 山口創［監修］

FIVE SENSES

Discover

監修のことば ＊「今、ここ」の自分と向き合うために

桜美林大学教授 臨床発達心理士 山口 創

この本は、五感をきたえるための本です。

きたえるといっても、なにか特別なトレーニングをするわけではありません。わたしたちがもっている触覚、嗅覚、味覚、聴覚、視覚を、いつもよりちょっと意識して使えばいいだけです。でも、そういきなり言われても、困りますよね。この本では五感を意識するための身近な場面を集めてイラストにしました。きっとみなさんが五感を意識するときの手助けとなるでしょう。

しかし、なぜ五感をきたえる必要があるのでしょうか。それは、「自分と向きあう」ためです。

わたしたちはみんな、多かれ少なかれ悩みや不安を抱えています。それらの悩みや不安は何が原因なのでしょうか。

答えは、「今、ここ」に集中できていないからです。昨日の仕事のミスを思い返して悔やんだり、何十年も先の老後の生活を心配したりすることで、ネガティヴな感情が生まれてしまうのです。

しかし、「今、ここ」に意識を向けることができれば、そのような悩みや不安は生まれません。

五感を使うことは、「今、ここ」に意識を向けることに直結します。触り、嗅ぎ、味わい、聞き、見る……これらによって生じる感覚は、紛れもなく現在起きているものです。五感を通して、今の自分と向きあい、悩みや不安から解放されることができます。

ピクルスを食《た》べてみる。
すっぱい。
ピクルスのにおいを嗅《か》いでみる。
ツンとくるにおい。
ピクルスをじっと見《み》てみる。
しぶい緑色《みどりいろ》。
ピクルスに触《さわ》ってみる。
ツルツルだよ。
ピクルスの音《おと》を聞《き》いてみる……
パリッ！

また、五感をきたえることで、ものごとをとらえる力を養うことができます。「身体化認知」という心理作用があります。わたしたちの、ものごとをとらえる力、つまり「認知」は体の感覚から大きな影響を受けているということです。

ある研究によると、温かい飲みものの入ったカップをもった人は、他人に寛容になり、冷たいカップをもった人は、他人に冷淡な態度をとる傾向があるそうです。温かい、冷たいという触覚の感覚が、人に対する行動に影響を与えたのです。この他にも、感覚が人の心や判断を左右するという例は多く存在します。これがまさに「身体化認知」です。

つまり、五感が鈍いと、心の動きが小さく、判断力の乏しい人間になってしまいます。ですから、五感をきたえることは非常に大切なことなのです。

しかし、現代では五感を積極的に働かせる環境が減ってしまいました。

人との触れあいは減り、よけいなにおいはかき消され、誰の口にも合う食品が並び、好きな音楽だけで耳をふさぎ、スマホの画面を凝視する……これでは五感は鈍くなるばかりです。意識しなければ、五感をきたえられなくなってしまったのです。

本書は、そんな現代社会でも、五感の大切さを知り、養ってもらうためにつくられました。

ぜひ、肩肘張らずに、気軽な気分で読んでみてください。イラストを眺めるだけでも、よい刺激となるはずです。大人はもちろん、小さな子どもでも十分楽しむことができますので、お子さんに読み聞かせをしてもいいでしょう。本書を使って、五感を刺激し、ぜひ自分自身と向きあう時間をつくってみてください。

I HEAR A PICKLE

BY RACHEL ISADORA

THIS EDITION PUBLISHED
BY ARRANGEMENT WITH G.P. PUTNAM'S SONS,
AN IMPRINT OF PENGUIN YOUNG READERS GROUP,
A DIVISION OF PENGUIN RANDOM HOUSE LLC.
THROUGH JAPAN UNI AGENCY, INC.

I TOUCH

MY 5 SENSES

「触《さわ》る」幸せ

イヌの頭《あたま》を
やさしくなでる。

ことりを手《て》にのせて、
そっと触《ふ》れる。

水《すい》そうのなかの
キンギョは触《さわ》れない。

砂《すな》に触《さわ》る。

そして、お城《しろ》をつくる。

雨《あめ》に触《さわ》ってみたよ。

サボテンは触《さわ》らない。

弟《おとうと》のあんよを
触《さわ》ってみた。

キズは触《さわ》らないこと。

痛《いた》っ！

コンセントには手《て》を触《ふ》れない！

キャンディを
触《さわ》っちゃった。

あっ、
落《お》としちゃった

タマゴを
手《て》にとって触《さわ》った。

ガスコンロに
触《さわ》っちゃいけないよ。
やけどするよ。

カップケーキに触《さわ》って
つまみ食《ぐ》い。

いも虫《むし》を触《さわ》ってみる。

えのぐが乾《かわ》くまでは
触《さわ》らない！

シャボンだまに
触《さわ》ってみる。

赤ちゃんが、なんでもかんでも触ったり、口に入れたりする光景をよく見ませんか？

これは、人の感覚「五感」の中で、一番初めに発達するのが触覚だからです。

お母さんのお腹の中にいる7週目ぐらいに触覚は発達し始め、その後、嗅覚、味覚、聴覚、視覚の順番で五感は発達していきます。

「触覚型の動物」といわれる赤ちゃんは、まだ他の感覚が十分に発達していないので、触覚でいろんなものを把握します。ちなみに、口の触覚は手の触覚と同じくらいとても敏感です。だから、なんでも口に運ぶのですね。

最初に発達する感覚なので、触覚は他の４つの感覚の土台であるとも考えられています。たとえば、わたしたちはものを立体的に見ることができます。それは、子どもの頃にいろんなものに触れて、3次元でとらえる訓練をしたからこそできることなのです。目に映る像は、もともと2次元です。触覚によって3次元の世界を経験することで、わたしたちの視覚はものを立体的にとらえることができます。

日本人は、ほかの民族に比べて、触覚が敏感だといわれています。その証拠に日本語の触覚に関わるオノマトペは、他のどの言語よりも多いのです。サラサラ、フワフワ、ベトベト……挙げればキリがありませんね。これは、日本人が昔から触覚に敏感な民族だったということをよく表しています。

もともと農耕民族だった日本人は、畑を耕す際に土を直に触って、それが生きている土か、死んでいる土かというのを区別していました。また、四季がはっきりしているので、直接肌で季節の移り変わりを感じたりと、触覚を積極的に働かせる環境があったのでした。

しかし、現代では触覚を豊かにする経験が少なくなってしまいました。触れるものといえば、人工的な工業製品がほとんどです。そういったものは、均一化され、似たり寄ったりな触感しか与えません。そのようなことから、気がつかないうちに、わたしたちの触覚は、日々鈍感になってきているのかもしれません。

また、触覚は感情とのつながりが非常に深い感覚です。肌触りがいいものに触れると気分が安らぎますし、感触の悪いものは不快に感じます。肌で感じとる温度の変化も、気分や体調に大きく影響します。くわえて、他者との触れあいは感情を大きく変化させます。親しい人との触れあいには、落ち着きや優しさを感じます。

しかし、人と人との触れあいや他者との距離が神経質にとらえられるようになった現代では、親しい人であっても、なかなか肌を触れあう機会が少なく、それがストレスの原因の一つともなっているのではないでしょうか。

木の葉一枚一枚の違いを、実際に触れて、感じとってみる。

肩に手を置く、背中に手をあてる、手をつなぐなど、家族との触れあいを増やしてみる。

自然にあるものや、近くにいる人を触り、感じることで、触覚をきたえましょう。それは、人間として生きる力をきたえられると同時に、相手を思いやる気持ちや、共感する心を養うことにも通じるのです。

I SMELL

MY 5 SENSES

「嗅《か》ぐ」幸せ

せっけんの
いいにおいがするよ。

ママがつけている香《こう》水《すい》。
ママのにおいがする。
いい香《かお》り。

いつもの毛《もう》布《ふ》、
このにおいを嗅《か》ぐと
ほっとするんだ。

あかちゃんの
うんちのにおい……

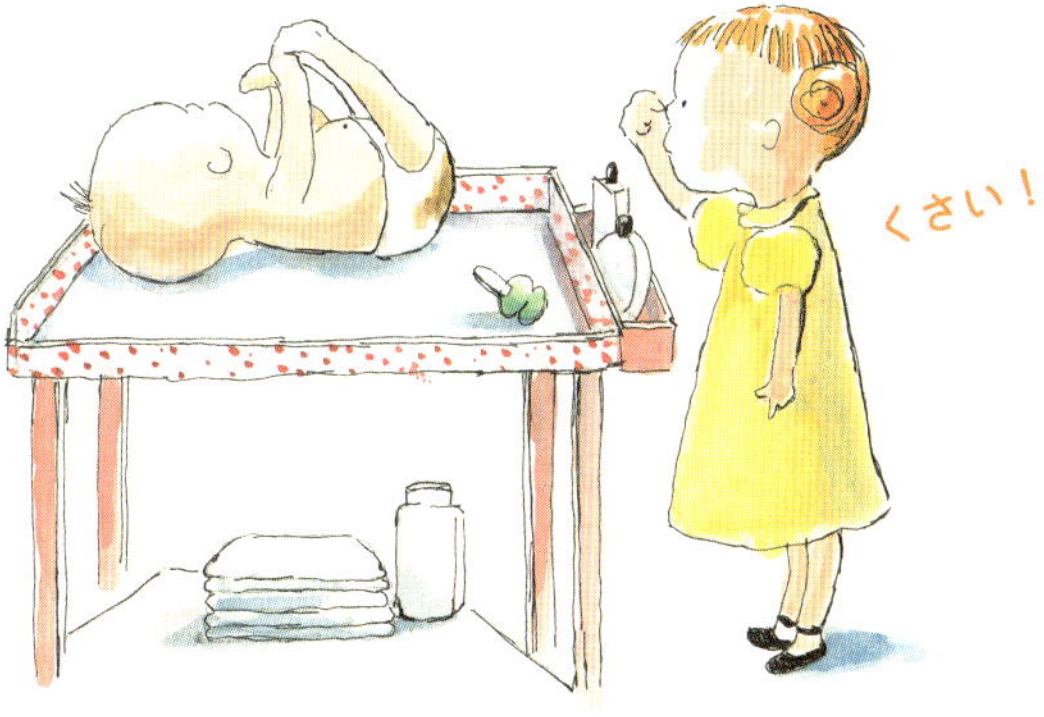

お兄《にい》ちゃんのぬぎっぱなしの
スニーカーがにおうよ。

I SMELL

MY 5 SENSES

*

「嗅ぐ」幸せ

焼《や》きたてのパンのにおい。
おなかが空《す》いちゃう。

こげくさいにおいがしたと
思《おも》ったらトーストが
こげちゃった！

トマトとチーズが焼《や》ける
ピザのいいにおい。

チーズがにおうよ。

なんか、くさいなぁ！

かぜを引《ひ》いて
鼻《はな》がつまって、
なにもにおわないよぅ。

雨《あめ》のにおいがするよ。

青《あお》い芝《しば》生《ふ》のにおい。
とっても気《き》持《も》ちいい！

ウシのうんち……
このにおいは
すきじゃない。

だいすきな
お花《はな》の香《かお》りを嗅《か》ぐ。

嗅覚は触覚と並んで極めて原始的な感覚です。脳の中でにおいを感じる部分は非常に深く、嗅覚は動物的な感覚であり、心に直接影響します。

アロマやお香などが一般的になり、香りが安らぎを与えるということはご存知のことでしょう。また、嗅ぎ慣れたにおい、たとえば畳のにおいなどを嗅ぐと落ち着くことがあります。逆に、いやなにおいを嗅ぐと、一気に不快な気分になってしまいます。

実は、この「いいにおい」「いやなにおい」を区別する力は後天的に身につくものです。基本的に赤ちゃんはにおいに対してニュートラルで、いいにおい、いやなにおいを嗅ぎ分けていません。成長するにつれて、「せっけんはきれいでいいにおい」「うんちは汚くて臭い」ということを学習していきます。

もともと赤ちゃんには、せっけんはきれい、うんちは汚いという考えはありません。だから、せっけんをいいにおいだとも思っていないし、うんちを臭いとも思っていません。まわりの大人たちが「せっけんできれいにしましょ～」「うんちはばっちいよ」などと教えていくうちに、好き嫌いの区別ができあがっていきます。

これと関連して、嗅覚は記憶とも密接な関係にあります。脳の中で、においを感じる部位と記憶を司る海馬という部位は、非常に近い位置関係にあります。そのため、においがきっかけとなり、昔の記憶が呼び起こされることはよくあります。

みなさんも、あるにおいを嗅いで、懐かしい気持ちになった経験があるはずです。記憶力の低下した高齢者でも、においによって昔の思い出がよみがえることもあります。

心や記憶と深い結びつきのあるにおいですが、今の時代はにおいを消していこうとする傾向にあります。

特に体臭や生活臭は「いやなにおい」として避けられがちです。これらの「いやなにおい」を消すために、デオドラントや消臭剤を使って、いわゆる「いいにおい」でごまかそうとしているように感じます。

先ほども述べた通り、「いいにおい」「いやなにおい」とは経験によりできあがるものです。もしかしたら、わたしたちの思う「いいにおい」「いやなにおい」は社会によってつくられた先入観によるものかもしれません。

嫌いなにおいでも、頭を真っ白にして嗅いでみると、新しい感覚が得られるでしょう。

I TASTE

MY 5 SENSES

「味《あじ》わう」幸せ

スイカを味《あじ》わう。

プレッツェルをかじる。

ホットドックを食《た》べる。

オートミールは
ちょっと冷《さ》ましてから
食《た》べるんだ。

リンゴをまるごと食《た》べる。

チリスープを飲《の》む。

牛《ぎゅう》乳《にゅう》を味《あじ》わう。

ホウレンソウは
食《た》べたくない。

でも、ホウレンソウ、
食《た》べてみたら、
おいしかった！

I TASTE

MY 5 SENSES

「味わう」幸せ

クラッカーを食《た》べる。
ハトもいっしょに！

ピーナッツバターと
ジャムの
サンドイッチを食《た》べる。

わたしはジャムだけ
はさんで食《た》べる。
ピーナッツアレルギーだから。

ミートボールをのせた
スパゲッティを食《た》べる。

はやくケーキが食《た》べたい……
ごはんの後《あと》まで待《ま》てないよぅ！

だいすきな
アイスクリームを食《た》べる。
ジョンもだいすき。

I TASTE

MY 5 SENSES

*

「味わう」幸せ

味覚は五感の中でも、とくに個人差が出やすい感覚です。人によって、食べものの好き嫌いはさまざまですよね。

本来、味覚の役目は食べられるものと食べられないものを区別するという機能です。「食べる」という行為は生きていくうえで必須の活動ですので、それを支える味覚は非常に重要な感覚です。基本的に、栄養のあるものはおいしいと感じ、有毒だったり腐ったりしたものは、苦い、酸っぱいと感じます。ですから、子どもは苦いもの、酸っぱいものを好まない傾向にあります。大人になるにつれて、苦いけれども体にいいからと食べ続けることで、食べものの好みが変わってきます。

実は、「食べる」という行為は味覚だけでなく、触覚や嗅覚を使う高度な活動です。食材にはそれぞれがもつ固さや形、つまり食感があります。触覚の章でも述べましたが、口の触覚は非常に敏感です。そのため、食材のもつ食感は触覚を強く刺激します。この食感が味に大きく影響するのです。パサパサのお米より、しっとりモチモチなお米のほうがおいしく感じますよね。

また、嗅覚も味覚に大きな影響を与えます。鼻をつまんでものを食べてもほとんど味がしません。においがあることで、味の感度は大きく上がります。

つまり、食べることに意識を向けることは、味覚だけでなく触覚や嗅覚を大きく働かせるので、より自分の感覚に集中できます。

「味わう」幸せ

味覚をきたえるには「食べる」という行為そのものを大切にしましょう。現代人は忙しいですから、朝ご飯や昼ご飯は、ただ口に運ぶだけで、「味わうひまなんてない」という人も、いるのではないでしょうか。全ての食事に時間をかけて味わう必要はありませんが、時間のあるときは、しっかりとそのものに向きあって味わうことが大切です。

また、食べるものにも注意を向けてみましょう。幸せなことに、日本では洋の東西を問わず、さまざまなおいしい料理を食べることができます。最近はコンビニのお弁当もバラエティに富み、手軽に安くおいしいものを食べられるようになりました。そういう料理を子どものうちから食べさせるというのも悪くはないのですが、小さいときには、まだ調理をほとんどしていない状態の味をしっかり味わってほしいと思います。リンゴに丸ごとかぶりつくように。

シンプルな味がわからなければ、複雑な味を楽しむことはできません。小さい頃から手の込んだ料理ばかり味わっていると、この料理は何からできていて、それぞれの材料はどんな味なのかという感覚が鈍ってしまいます。子どもの頃は、いろいろな生の味、原材料の味をしっかりと味わうことが必要です。

一日の中で少しでも食べる時間や食べるものを大切にすることで、自分を取り戻し、意識を「今、ここ」に向けることができます。食べることが、心を落ち着かせ、ストレスの解消にもつながるのです。

I HEAR

MY 5 SENSES

「聞《き》く」幸せ

ことりのさえずりが
聞《き》こえるよ。

I HEAR
MY 5 SENSES

✻

「聞く」幸せ

あっ！

ハチの飛《と》ぶ音《おと》が聞《き》こえる！

いも虫《むし》の声《こえ》は
聞《き》こえないなあ。

浜《はま》辺《べ》でカモメが
ないているのが
聞《き》こえる。

貝《かい》に耳《みみ》をあてると、
海《うみ》の音《おと》が聞《き》こえるんだ。

波《なみ》の音《おと》を聞《き》く。

電《でん》話《わ》でおばあちゃんの声《こえ》を聞《き》く。

音楽《おんがく》を聞《き》く。
そして、踊《おど》る！

ドラムの音《おと》が聞《き》こえる。
耳《みみ》がさけそう！

冷蔵庫《れいぞうこ》の音《おと》が聞《き》こえる。
その上《うえ》でネコが
ゴロゴロのどを
ならすのが聞《き》こえる。

掃《そう》除《じ》機《き》の音《おと》が聞《き》こえる。
うるさい！

車《くるま》でいっぱいの
道路《どうろ》の音《おと》が聞《き》こえる。

雨《あめ》の音《おと》が聞《き》こえるよ。

カミナリの音《おと》が
聞《き》こえちゃうよぅ。

雪《ゆき》のふる音《おと》は
聞《き》こえないなぁ。

ヒットの音《おと》が聞《き》こえた！
みんなのおうえんする
声《こえ》も聞《き》こえるよ。

聴覚は、つねに「音という情報」にさらされている感覚です。

音というのは、こちらが聞こうとしなくても耳にどんどん入ってきます。ですから、わたしたちはいろんな音が過剰に入ってくるのを避けるために、それらをあえてシャットダウンし、聞きたい音だけ聞くようにしています。

「カクテルパーティー効果」という心理作用を聞いたことはありませんか。これは、カクテルパーティーのような大勢の人が話している中でも、話している相手の声や自分の名前などは、よく聞き取れることをいいます。

このように、わたしたちは全ての音を同等ではなく、聞こうとしているものや自分に関係あるものを選択的に聞き取るようにしています。

これは生きていくうえで大切な機能ではあるのですが、それだけだと自分が関心のある狭い領域の音しか聞こうとしなくなります。

最近、つねにイヤホンをして音楽を聞いている人を見かけます。もちろん、音楽は素晴らしい文化ですし、好きな音楽を聞くことはリラックス効果があります。しかし、これは聴覚を周りの環境から隔離して、好きな音だけを聞いているということです。

聴覚を含め五感は、外の世界を探りにいくアンテナのような役割をしています。外界から感覚を閉ざしてしまうと、その機能が発揮されないのです。

ですから、普段あまり注意を向けていない音に対しても、意識を向けて聞いてみることをおすすめします。そうすることで、「今、ここ」に集中することができ、心の落ち着きやストレスの軽減につながります。

まず身近なものの音に耳を傾けてみましょう。

たとえば、時計の音、車の音、エアコンの音。

きっと、意識を向けてみると、さまざまな音が聞こえてくるでしょう。

次は、より遠くの音に耳を傾けてみましょう。また違った音が聞こえてくるのではないでしょうか。

風がそよぐ音、鳥や虫が鳴く音……非常に豊かな音環境が、実は周りに広がっていることに気づくはずです。

人の意識は、ついつい、今ここにないものに向かいがちです。来週の仕事の準備をしなきゃとか、昨日は家族とケンカしたなとか。そうなったときに、「今、ここ」に意識を向けてみると、心が落ち着き、本来の自分を取り戻すことができます。

聴覚は五感の中でもとくに、自分を「今、ここ」に取り戻すことに最適な感覚なのです。

好きな音だけでなく、普段は意識していない音にも耳を傾け、気分をリフレッシュしてみましょう。

I SEE

MY 5 SENSES

「見《み》る」幸せ

お空《そら》に飛《ひ》行《こう》機《き》が見《み》えるよ。

ランプをつけると、
見《み》える。

ランプが消《き》えると、
なにも見《み》えない。

本《ほん》を開《ひら》いて見《み》る。
ヘンリーに読《よ》んであげる。

字《じ》がよく見《み》えない。

メガネをかけると、くっきり見《み》えた！

お花《はな》が開《ひら》くところは
見《み》えない……

チャーリーが見《み》える。

あたり一面《いちめん》
雪《ゆき》しか見《み》えない。
手《て》袋《ぶくろ》が見《み》つからない……

お月《つき》さまが見《み》える。

いちばん星《ぼし》が見《み》えた。
お願《ねが》いごとをしなくちゃ。

ぴょんぴょんはねる
ウサギが見《み》える。

カメの甲羅《こうら》は見《み》える。
でも、頭《あたま》は見《み》えない。

花《はな》火《び》を見《み》る。

ふうせんの
飛《と》んでいくのが
見《み》えるよ。

バイ
バーイ！

わたしたちは「視覚の世界」に生きていると言っても過言ではありません。

人間が受け取る情報の中では、視覚が最も大きな割合を占めています。諸説ありますが、わたしたちは視覚から8割以上の情報を受け取っているといわれています。いかにわたしたちが視覚に依存しているかがおわかりいただけるでしょう。

視覚は非常に騙されやすい感覚でもあります。

たとえば、ある種の幾何学模様が動いているように見えたり、同じ長さの2本の線が違う長さに見えてしまったりします。これは、脳が勝手にそう「見せて」いるのです。「錯視」と呼ばれる錯覚の一種です。

価値観によって見えかたが異なる、ということもあります。

大人と子どもに五百円玉の絵を描かせると、まったく大きさが異なる五百円玉を描きます。大人は小さく、子どもは大きく描く傾向にあります。大人に比べて、子どもにとっての五百円は価値が大きい、だから大きく描くのです。同じものでも、本人の価値観によって見えかたのイメージが異なるわけです。

つまり、わたしたちは、ものをそのままとらえているのではなく、わたしたちが見たいようにものを見ているのです。

今、自分が見ている世界は、他の人も同じように見ているとは限りません。むしろ、誰一人として同じように世界を見てはいない、と考えたほうが正しいかもしれません。このことに気づくと、わたしたちの世界は大きく広がります。

では、普段わたしたちはどのようなものから視覚情報を得ているでしょうか。

スマホ、パソコン、テレビ……これらを見る時間が大半を占めている、という人も多いのではないでしょうか。さまざまな情報を得るという点ではこれらのツールはとても便利です。

しかし、感覚をきたえるという点では、自然のほうが優れているように思えます。

本書のイラストのように、星空を見上げたり、生き物を観察したり……自然を見ることはさまざまな刺激を与えてくれます。また、自然を見ると視覚以外の感覚も同時に刺激するので、五感をきたえるには最適です。

色に注意してみるのもいいでしょう。

わたしたちの精神状態は色に強く影響されます。たとえば、赤を見ると興奮状態になり、青を見ると落ち着くという傾向にあります。自然界は色にあふれていますので、微妙な色の変化を観察し、自分の精神と向きあってみてはいかがでしょうか。

あとがきに代えて＊聞こえること 見えていること 感じていること

コーチ・エィ ファウンダー 伊藤 守

ずっと以前に、森の中でのワークショップに参加しました。10人ほどの参加者がそれぞれにカードと鉛筆をもって、森の中に入り好きな場所に座って「聞こえてくる音」に耳を澄まし、「聞こえた音」をカードに鉛筆で書き込みます。「風がこずえを揺らす音」「遠くから聞こえる小鳥のさえずり」「誰かの足音」……小一時間、森の中にいて、そのあと、みんなで集まって、何が聞こえたのかシェアするのですが、およそ同じ場所にいながら、聞こえていた音はそれぞれ違っていて、ある音はみんなの耳に届いていて、ある音は限られた人にだけしか届いていないのです。全員が気づかない音もありました。

言うまでもなく、人は見たいものを見たいように見て、聞きたいことを聞きたいように聞きます。そもそも何を見て何を聞くかは、目や耳の仕事ではなく、脳の選択によるものです。

そのワークショップに参加して、いくつか気づくことがありました。そのひとつは、ふだん自分が何を聞いて何を見ているかに、ほとんど注意を向けていないということ。それから、自分に聞こえたり見えたりしているものは誰でも同じように見聞きしていると思い込んでいたこと。そして、実は自分の周りには注意を向けなければ気づかないたくさんの音があること。見ているつもりになっているけど見てわかった気になっているだけだったことなど。

このワークショップの後、人と関わるときに、今までとは違う「視点」が生まれました。

わたしたちは、「見たり、聞いたり、触れたり」することを通して、自分が外の世界と繋がっていることを知ります。ふだんは気にもせず、見たり聞いたりしていますが、自分が今何を見たり聞いたりしているかは、「止まって」「注意」を向ける必要があります。

「今、どんな音が聞こえているだろう？」

「今何が見えているだろう？」

そういう「問い」を自分に向けてみることです。

同じように自分の内側の「音」や「感じ（感覚）」に気づく機会になります。

最近、誰かと話しているときにふと、「今この人には何が見えていて、何が聞こえているんだろう？」、そういう「間」が自分の中に生じることがあります。それは、人への、これまでと違った興味に繋がっているように思います。

小さかったころに戻って聞いてみたいですね。

「今何が聞こえているのかな？」

「君には何が見えているのかな？」

今からでも遅くないかもしれません。

本書の原書は、わたしがニューオーリンズの美術館のＧＩＦＴ　ＳＨＯＰで見つけたものです。原書は、幼児向けの小さなボードブックでしたが、山口先生の監修、解説もいただき、子どもから大人まで、わたしたちがもつ五感の素晴らしさをもう一度思い出す、原書以上に原書の目的を果たす本になっていることをうれしく思います。

「感じる」を育てる本

発行日
2018年11月20日 第1刷

[Author / Illustrator] レイチェル・イザドラ

[Translator] ディスカヴァー編集部

[Adviser] 山口 創

[Book Designer] アルビレオ

[Publication] 株式会社ディスカヴァー・トゥエンティワン
〒102-0093 東京都千代田区平河町2-16-1 平河町森タワー 11F
TEL：03-3237-8321（代表）／FAX：03-3237-8323／http://www.d21.co.jp

[Publisher] 干場弓子

[Editor] 大山聡子 渡辺基志

[Marketing Group]
Staff／小田孝文 井筒浩 千葉潤子 飯田智樹 佐藤昌幸 谷口奈緒美 古矢薫 蛯原昇
安永智洋 鍋田匠伴 榊原僚 佐竹祐哉 廣内悠理 梅本翔太 田中姫菜 橋本莉奈
川島理 庄司知世 谷中卓 小木曽礼丈 越野志絵良 佐々木玲奈 高橋雛乃

[Productive Group]
Staff／藤田浩芳 千葉正幸 原典宏 林秀樹 三谷祐一 大竹朝子 堀部直人 林拓馬
塔下太朗 松石悠 木下智尋

[Digital Group]
Staff／清水達也 松原史与志 中澤泰宏 西川なつか 伊東佑真 牧野類 倉田華
伊藤光太郎 高良彰子 佐藤淳基

[Global & Public Relations Group]
Staff／郭迪 田中亜紀 杉田彰子 奥田千晶 連苑如 施華琴

[Operations & Accounting Group]
Staff／山中麻吏 小関勝則 小田木もも 池田望 福永友紀

[Assistant Staff]
Staff／俵敬子 町田加奈子 丸山香織 井澤徳子 藤井多穂子 藤井かおり 葛目美枝子
伊藤香 鈴木洋子 石橋佐知子 伊藤由美 畑野衣見 井上竜之介 斎藤悠人
平井聡一郎 宮崎陽子

[Printing] シナノ印刷株式会社

・乱丁・落丁本はお取り替えいたしますので、小社「不良品交換係」まで着払いにてお送りください。
本書へのご意見ご感想は下記からご送信いただけます。
http://www.d21.co.jp/contact/personal
ISBN978-4-7993-2388-5 ©Discover21, Inc., 2018, Printed in Japan.